AF388765

ORDONNANCE
DU ROI,

Portant établissement d'une Masse affectée aux Recrues des régimens d'Infanterie françoise, Cavalerie, Dragons & Troupes-légères.

Du 1.er Janvier 1768.

DE PAR LE ROI.

SA MAJESTÉ ayant jugé à propos, pour le bien de son service, de faire quelques changemens dans l'administration des Recrues de ses régimens d'Infanterie françoise, Cavalerie, Dragons & Troupes-légères : Et voulant lui donner une forme plus propre à en assurer le succès, Elle a ordonné & ordonne ce qui suit :

ARTICLE PREMIER.

IL sera établi, à commencer du 1.er du mois de Janvier de la présente année, une Masse pour les recrues de chaque

Établissement de la Masse des Recrues.

A

régiment d'Infanterie françoife, Cavalerie, Dragons & Troupes-légères; à la réferve cependant du régiment d'Infanterie de Sa Majefté, & du Corps-royal de l'Artillerie qui continueront de jouir des traitemens qui leur font réglés pour l'objet des recrues; ladite Maffe aura lieu.

SAVOIR:

Pour les régimens d'Infanterie, fur le pied de feize livres pour chaque homme par an, au complet, y compris les Fifres & Muficiens attachés à l'État-major.

Pour les régimens de Cavalerie, de vingt livres par homme, au complet.

Pour les Dragons, de dix-huit livres par homme, au complet.

Et de feize livres également pour chaque homme à pied ou monté, au complet de chaque Légion; laquelle Maffe fervira uniquement dans tous les temps à la levée des recrues & au rengagement des anciens Soldats, Cavaliers ou Dragons : cette Maffe fera payée chaque mois avec la folde, remife à la caiffe de chaque régiment, & régie en conformité de ce qui fera prefcrit ci-après.

2.

Emploi de la Maffe.

SA MAJESTÉ s'étant fait rendre compte du nombre d'hommes que chaque régiment avoit à faire, pour fe compléter, lors de la revue d'infpection du mois de Septembre dernier; & ayant fait remettre à la caiffe de chacun defdits régimens les fonds néceffaires pour remplir le vide conftaté par ladite revue, fur le pied de cent livres par homme; fon intention eft, qu'à l'avenir, la Maffe pour les recrues étant établie, à commencer du 1.er du préfent mois de Janvier, ferve au remplacement des hommes qui manqueront par la fuite, foit par mort, défertion, congé abfolu ou telle autre caufe que ce puiffe être.

3.

Le travail des Recrues en commun.

L'INTENTION de Sa Majefté eft, que le travail des recrues de chacun des régimens d'Infanterie, Cavalerie, Dragons & Troupes-légères, foit fait en commun pour chaque corps.

4.

SA MAJESTÉ voulant être informée de l'adminiſtration de ladite Maſſe des recrues, ordonne au Major de chaque régiment, de tenir un regiſtre, dont les premières & dernières feuilles feront ſignées, & tous les feuillets cotés & paraphés par le Commiſſaire des guerres, chargé de la police du régiment; ſur lequel regiſtre ledit Major portera toutes les recettes & dépenſes par lui faites, tant pour les engagemens des hommes de recrue, que pour les rengagemens échus ou à échoir des bas Officiers ou anciens Soldats, leſquelles recettes & dépenſes feront expliquées en détail, avec la date des jours qu'elles auront été faites.

Adminiſtration de la Maſſe.

5.

LE Major de chaque régiment adreſſera, le 1.ᵉʳ Mai de chaque année, au Secrétaire d'État ayant le département de la guerre, un état ſommaire de la ſituation de ladite Maſſe, tant en recette qu'en dépenſe; lequel état fera certifié par lui, viſé du Commandant du régiment, & arrêté par le Commiſſaire des guerres qui en aura la police: il remettra d'ailleurs à l'Inſpecteur, lors de ſa revue du mois de ſeptembre, un ſecond état dans la forme preſcrite ci-deſſus, pour être joint à ladite revue.

État de la ſituation de la Maſſe.

6.

L'ARGENT de cette Maſſe appartiendra à tout le corps en général, & le compte de la dépenſe de toutes les recrues qui auront été faites pour chaque régiment, ſera arrêté tous les ans par l'Inſpecteur, lors de ſa revue, en préſence du Colonel, du Lieutenant-colonel, du Major & des deux premiers Capitaines, conformément aux diſpoſitions de la préſente ordonnance.

Le bénéfice qui ſe fera ſur ce fonds, ſera réſervé, & il n'en ſera diſpoſé en aucune manière ſans les ordres de Sa Majeſté.

Dépenſes & bénéfice ſur la Maſſe.

7.

SI par une négligence prouvée des Officiers, la dépenſe des recrues excédoit la Maſſe qui y eſt deſtinée,

Excédant de dépenſe, retenu ſur les Officiers.

cet excédant seroit retenu fur les appointemens de tous les Officiers du corps, Sa Majesté se réservant d'ordonner la punition qu'auroit encourue particulièrement le Commandant.

8.

Âge & taille des hommes de recrue.

SA MAJESTÉ veut qu'il ne soit admis dans ses Troupes que des sujets de bonne volonté, de l'âge de seize ans accomplis jusqu'à trente-cinq, pendant la paix, & aussi de l'âge de seize ans accomplis jusqu'à quarante, pendant la guerre; de la taille de cinq pieds un pouce au moins en temps de guerre, pieds nus; & de cinq pieds un pouce six lignes aussi pieds nus & d'espérance, en temps de paix, pour l'Infanterie; de cinq pieds trois pouces, pieds nus pour les Dragons; & de cinq pieds trois pouces six lignes au moins, aussi pieds nus pour la Cavalerie.

Permet néanmoins Sa Majesté qu'en temps de guerre lesdits Officiers puissent enrôler des hommes de quarante-cinq ans, qui, ayant déjà servi, seront encore en état de reprendre le service; & des Soldats qui, après avoir obtenu des places à l'Hôtel royal des Invalides, auront la force & les qualités nécessaires pour continuer de servir, pourvu cependant que ces derniers soient munis d'une permission par écrit du Gouverneur de l'Hôtel.

9.

Engagemens contractés avant l'âge de seize ans.

TOUS ceux qui pourroient être engagés avant l'âge de seize ans, seront tenus pour obtenir leur dégagement, de produire leur extrait baptistaire, dûment légalisé par le Juge ou le Subdélégué du lieu; & lorsqu'il sera prouvé qu'ils auront été engagés, de quelque manière que ce soit, avant ledit âge de seize ans accomplis, veut Sa Majesté que leur congé leur soit délivré après qu'ils auront remis à la caisse des recrues du régiment, les sommes qu'ils auront reçues d'engagement, & le prix des effets qui leur auront été donnés.

10.

ENTEND Sa Majesté que pour que les dispositions de l'article précédent, aient lieu en faveur de ceux qui se trouveront avoir contracté un engagement avant l'âge de seize ans, ils soient tenus de réclamer contre ledit engagement, au plus tard dans l'espace du mois qui suivra celui où ils auront atteint ledit âge de seize ans; lequel temps passé, leur engagement sera reconnu valable, & leur congé ne pourra leur être donné qu'après l'expiration de leur engagement.

I I.

VEUT cependant bien permettre Sa Majesté à tous les Commandans de ses régimens d'Infanterie, d'admettre, à raison d'un par compagnie, les enfans des bas Officiers & Soldats de chaque régiment nés au corps, à y faire le service, & y recevoir la solde comme les autres, lorsqu'ils auront atteint l'âge de dix ans & qu'ils seront d'espérance : Enjoint Sa Majesté aux Commissaires des guerres, de les comprendre dans leurs revues, pour faire nombre dans les compagnies, sur le certificat du Major, qui reconnoîtra qu'ils sont enfans du corps & nés au corps; bien entendu que lesdits enfans, lorsqu'ils seront parvenus à l'âge de seize ans, seront tenus, s'ils ont les qualités requises, de contracter un engagement de huit ans, en leur donnant le prix de l'engagement comme aux hommes de recrue.

I 2.

LES Officiers-recruteurs examineront avec soin, tous les hommes qui auront déjà servi, & refuseront ceux qui leur paroîtront suspects, poursuivis ou flétris par la Justice, & indignes de la profession des armes; ils n'engageront point les hommes des îles de Ré & d'Oleron, les hommes classés dans la Marine, ou assujettis au service de la Garde-côte; ceux qui seront tombés au sort de la Milice, ni ceux qui ayant déjà servi, ne seront point porteurs de congés absolus en bonne forme, ni enfin ceux nés dans le Comtat Venaissin, sans avoir une permission par écrit du Vice-légat.

I 3.

LE temps du service des hommes de recrue, sera,

A 3

conformément aux ordonnances des 10 & 21 décembre 1762, de huit années; pendant lesquelles ils ne pourront s'abfenter, fans congé, de la troupe dont ils feront, à peine d'être pourfuivis & punis comme Déferteurs: Voulant Sa Majefté, qu'à l'expiration defdites huit années de fervice, il leur foit expédié des congés abfolus, en temps de guerre comme en temps de paix; Sa Majefté déclarant que ceux defdits hommes de recrue qui feront parvenus à des places de Sergens, de Caporaux ou d'Appointés, ne feront point obligés de fervir au-delà des huit années de leur engagement; lefquelles feront comptées du jour de leur enrôlement: après lefquelles huit années, Sa Majefté donnera des ordres pour que leurs congés abfolus leur foient expédiés, afin qu'ils puiffent s'en retourner chez eux.

14.

POUR affurer l'exécution de l'article précédent, Sa Majefté veut que les congés abfolus foient délivrés au terme fixe de l'expiration de l'engagement, fans attendre la revue de l'Infpecteur; à la réferve cependant du cas où lefdits Soldats auroient commencé une campagne avec leur régiment; ils feront alors obligés de la continuer, & leurs congés leur feront délivrés exactement, à la fin de ladite campagne.

15.

LES engagemens feront faits conformément au modèle joint à la préfente Ordonnance, l'homme enrôlé y mettra fa fignature; ceux qui ne fauront point écrire, feront leur marque en préfence de deux témoins, qui figneront, comme tels, l'engagement, au bas duquel feront le fignalement & les renfeignemens fur la profeffion de l'homme engagé & fur l'argent qu'il aura reçu.

16.

LES Officiers ou bas Officiers, en recevant les engagemens dans la forme ci-deffus prefcrite, délivreront aux nouveaux enrôlés, des certificats d'engagement de huit ans, conformes au modèle annexé à la préfente Ordonnance, fur lefquels ils infcriront le fignalement de l'homme enrôlé, & la fomme qu'il aura reçue.

17.

SA MAJESTÉ confidérant qu'il eft plus avantageux aux Soldats d'obtenir, à l'expiration de leurs engagemens, une récompenfe proportionnée au temps de leurs fervices, que de recevoir, en s'engageant, une fomme dont ils ne peuvent faire qu'un ufage qui leur eft fouvent préjudiciable, Elle a réglé qu'à l'avenir, & à compter du jour de la publication de la préfente Ordonnance, le prix de l'engagement de huit années demeurera fixé à la fomme de trente livres, indépendamment du pourboire; au moyen de quoi Sa Majefté confirme tous les avantages qu'Elle a accordés aux anciens Soldats, par fes Ordonnances des 10 & 21 décembre 1762, dont les difpofitions feront ci-après rappelées.

18.

TOUT Officier, bas Officier, Soldat, Cavalier ou Dragon, qui aura engagé un homme, fera tenu de le préfenter, dans les vingt-quatre heures, au Commiffaire des guerres ou au Subdélégué du lieu où ledit engagement aura été contracté, & à leur défaut, aux Maire & Échevins dudit lieu; & ce ne fera que fur les certificats qu'ils rapporteront defdits Commiffaires des guerres, Subdélégués ou Maire & Échevins, qui conftateront ledit engagement & le payement qui aura été fait en conféquence, qu'ils pourront répéter les frais qu'ils auront faits, s'ils perdoient ledit homme, par mort ou défertion.

19.

AUCUN engagement ne pourra être annullé que par le Secrétaire d'Etat ayant le département de la guerre.

20.

LES fujets qui n'auront pas les qualités prefcrites,

A 4

où qui seront attaqués d'infirmités qui les mettent hors d'état de servir, seront réformés, après l'examen qui en sera fait à leur arrivée au régiment, & les Officiers seront privés du prix réglé pour l'engagement; mais aussi Sa Majesté entend que les hommes qui ayant des infirmités habituelles, seront parvenus néanmoins, en les cachant, à contracter un engagement, soient mis en prison, & contraints de restituer ce qu'ils auront reçu.

21.

Admission & distribution des hommes de recrue.

A l'égard des hommes qui auront été reçus, ils seront distribués dans les compagnies du régiment, le Commissaire des guerres chargé de la police dudit régiment, après avoir vérifié tous leurs engagemens, & examiné s'ils sont conformes à tout ce qui est prescrit par la présente Ordonnance, dressera l'état de leur signalement, par compagnie, & les enregistrera sur le contrôle dudit régiment; il y marquera leur âge & la date de leur engagement, & il les emploiera sur ses revues, pour les faire payer du jour qu'ils auront été reçus.

22.

Instruction des hommes de recrue.

APRÈS la réception des hommes, la première attention du Commandant de chaque régiment, sera de les instruire de leurs différens devoirs, & des peines qu'ils encourroient s'ils venoient à y manquer; il leur fera lire les Ordonnances par les Officiers & bas Officiers de leur compagnie, qui auront soin de les leur expliquer; lesdits hommes seront ensuite dressés aux exercices & à la discipline, conformément à ce qui est prescrit par les Ordonnances; l'intention de Sa Majesté est cependant que lorsqu'un Officier aura engagé des hommes, avec la condition de servir dans sa compagnie, il lui soit permis de les y garder de préférence, sans qu'ils puissent en être tirés pour passer dans d'autres compagnies, hors le cas où ils seroient choisis pour le grade de bas Officiers ou pour les Grenadiers.

L'INSPECTEUR qui fera chargé de la revue du régiment, lors de ladite revue, fera prêter ferment entre fes mains aux hommes de recrue qui auront été reçus à la tête du régiment en bataille, fur les drapeaux, étendards ou guidons, qui feront réunis à cet effet; lefdits hommes de recrue, jureront qu'*ils obéiront aux ordres de leurs Officiers & bas Officiers; qu'ils ne quitteront jamais la Troupe dont ils feront, dans quelque occafion que ce foit, & que voulant fervir Sa Majefté avec honneur & fidélité, ils ne déferteront pas.*

Preftation
de ferment
des
hommes de recrue.

24.

TOUT bas Officier, Soldat, Cavalier ou Dragon, qui aura paffé la quatrième année de fon premier engagement, pourra fe rengager, s'il le demande, & ledit rengagement commencera à avoir lieu du jour que finira le premier engagement; il lui fera accordé la fomme de cent livres, s'il fe rengage pour huit ans, & cinquante livres feulement, s'il ne fe rengage que pour quatre ans: Sa Majefté voulant bien permettre aux bas Officiers, Soldats, Cavaliers ou Dragons, qui voudront continuer à fervir, de ne fe rengager que pour quatre ans, s'ils ne jugent pas à propos de fe rengager pour huit; entendant Sa Majefté que lefdits rengagemens de quatre ans, ne commencent pareillement à avoir lieu que du jour que finira le premier engagement.

Rengagemens
de huit & de
quatre ans.

Lefdites fommes réglées pour les rengagemens de huit ans, feront payées en quatre termes, à raifon de vingt-cinq livres chacun, pour celui qui aura contracté un nouvel engagement de huit ans, dont le premier payement fe fera fur le champ, & les trois autres à commencer de la dernière année de fon premier engagement, & fucceffivement enfuite dans la première & la feconde année de fon nouvel engagement.

A l'égard de celui qui n'aura contracté un nouvel engagement que pour quatre ans, les cinquante livres qu'il devra recevoir, lui feront payées en cinq termes,

A 5

de dix livres chacun, dont le premier payement ſe fera ſur le champ, & les quatre autres, à commencer auſſi de la dernière année de ſon premier engagement, & ſucceſſivement enſuite, comme il eſt expliqué ci-deſſus, pour celui qui ſe fera rengagé pour huit ans; les ſommes qui feront payées auxdits bas Officiers, Soldats, Cavaliers ou Dragons rengagés, devant être priſes ſur la Maſſe affectée aux recrues du régiment.

25.

SA MAJESTÉ voulant que le travail des Recrues en commun, ne diſpenſe pas les Officiers d'en faire par eux-mêmes; ſon intention eſt qu'aucun Capitaine, Lieutenant ou Sous-lieutenant ne puiſſe profiter du ſémeſtre qu'à la charge de faire au moins deux hommes de cinq pieds deux pouces, pieds nus, pour l'Infanterie; & de cinq pieds trois pouces ſix lignes au moins, auſſi pieds nus, pour la Cavalerie; & de cinq pieds trois pouces pour les Dragons, leſquels hommes, équipés de deux chemiſes, un col noir, une paire de ſouliers, une paire de guêtres & un havreſac, ſeront payés auxdits Officiers ſur le pied réglé par l'article 17 de la préſente Ordonnance, & ils recevront de plus deux ſous par lieue pour chacun deſdits hommes, depuis le lieu où il ſera juſtifié qu'il aura été engagé, juſqu'à la garniſon ou quartier du régiment; leſquelles ſommes ſeront comptées auxdits Officiers ſur la Maſſe deſtinée aux Recrues, par le Major du régiment: ordonnant Sa Majeſté qu'il ſoit retenu ſur les appointemens des Officiers qui rejoindront leur corps ſans avoir rempli la condition qui leur eſt impoſée, une ſomme de cent livres pour chacun des hommes qu'ils auroient dû faire, & que le produit de cette retenue ſoit remis à ladite Maſſe des Recrues.

26.

VEUT au ſurplus Sa Majeſté, que l'Inſpecteur, de concert avec le Commandant du régiment, ſoit autoriſé, dans le cas de néceſſité indiſpenſable, à augmenter le

nombre d'hommes que devra faire chaque Officier de
sémeſtre; & leſdits Officiers qui ne rempliront pas alors
le nombre qui leur aura été fixé, feront aſſujettis pour
chacun des hommes qu'ils n'auront point préſentés, à
la même retenue de cent livres réglée par l'article
précédent.

27.

SA MAJESTÉ ayant donné ſes ordres pour l'établiſ-
ſement de pluſieurs dépôts dans différentes provinces
de ſon Royaume, & ſon intention étant de procurer
des ſecours à ceux de ſes régimens qui auront fait des
pertes conſidérables & qui ne pourroient parvenir à ſe
compléter que difficilement, a réglé que chacun des
hommes qui feront fournis par leſdits dépôts aux régimens
d'Infanterie ou aux Troupes-légères, feront rembourſés
par leſdites troupes ſur le pied de cent livres, & ceux
qui feront fournis aux régimens de Cavalerie ou de
Dragons, ſur le pied de cent vingt livres; Sa Majeſté a
ordonné en même-temps qu'il ſeroit réſervé ſur l'engagement de chacun deſdits hommes, une ſomme de
vingt livres, qui devra être employée aux menus équi-
pemens dont ils auront beſoin à leur arrivée dans les
régimens où ils feront incorporés.

Hommes
fournis par
les
dépôts de recrue.

28.

VEUT Sa Majeſté que, conformément à ce qu'Elle a
réglé précédemment, il ne ſoit accordé aucune permiſſion
de s'abſenter à aucun Sergent, Maréchal - des - logis,
Fourrier, Caporal, Appointé, Carabinier, Trompette ou
Tambour, Soldat, Cavalier ou Dragon, depuis le 15
Avril juſqu'au 15 Octobre, à la réſerve des cas indiſpen-
ſables qui feront jugés tels par les Inſpecteurs; permettant
ſeulement que pendant l'hiver il ſoit accordé aux Soldats
de ſes troupes, des congés limités, à raiſon d'un homme
par eſcouade des compagnies de Fuſiliers, & de deux
par eſcouade des compagnies de Grenadiers, & d'un
Sergent ou Maréchal-des-logis par compagnie, leſquels

Époque
de la délivrance
des congés
de ſémeſtre.

bas Officiers & Soldats ne pourront prétendre à leur retour que la moitié de la solde pendant le temps de leur absence, l'autre moitié devant être remise à la Masse du linge & chaussure, il ne leur sera fait en conséquence aucune avance pour leur départ.

29.

Avantage accordé aux bas Officiers qui amèneront un homme de recrue.

ENTEND Sa Majesté que chacun des Fourriers, Sergens, Maréchaux-des-logis, Brigadiers, Caporaux, Appointés, Grenadiers, Soldats, Cavaliers, Dragons, Tambours ou Trompettes, qui, à son retour, ayant joui d'un desdits congés, amènera un homme de recrue, soit noté pour obtenir un nouveau congé l'année suivante, en sus du nombre d'hommes réglés par l'article précédent, & ledit homme de recrue qui sera reçu au régiment, lui sera payé sur la Masse des Recrues, conformément aux articles 17 & 25 de la présente Ordonnance.

30.

Soldats nécessaires à leur famille.

SA MAJESTÉ voulant traiter favorablement ceux des Soldats, Cavaliers ou Dragons, qui étant par différentes raisons indispensablement nécessaires à leur famille, ne peuvent obtenir leur congé par ancienneté, Elle a réglé qu'à l'avenir il seroit accordé la permission de se dégager à ceux qui seront reconnus être dans ce cas, Elle en a fixé le nombre à cinq hommes par bataillon, & aussi à cinq par chaque régiment de Cavalerie, de Dragons, de Hussards & de Troupes-légères; déclarant Sa Majesté qu'il n'en sera expédié aucun au-delà dudit nombre, sans ses ordres.

31.

Prix des dégagemens.

NE pourront lesdits Soldats, Cavaliers ou Dragons, qui seront nécessaires à leur famille, obtenir leur congé absolu, qu'ils ne soient présens au corps, & qu'ils n'aient préalablement remis à la caisse des Recrues du régiment, savoir, ceux de la Cavalerie, trois cents livres; ceux des Dragons, deux cents cinquante livres; & ceux de l'Infanterie, deux cents livres, au moins : Entendant Sa Majesté qu'il en soit fait mention sur leur cartouche, & que le Major de chaque régiment porte en recette dans le compte de la Masse des Recrues, les hommes qui en proviendront.

32.

SA MAJESTÉ ayant réglé par son Ordonnance du 1.er mai dernier, qu'il seroit établi quatre classes pour le renvoi des anciens Soldats qui s'étoient engagés pour six ans, avant la nouvelle composition ; veut que ladite Ordonnance ait son exécution, de même que toutes les dispositions qui y sont contenues pour les engagemens & les rengagemens, autant qu'elles ne seront point contraires à la présente.

Renvoi des anciens Soldats.

33.

ENTEND Sa Majesté que ceux qui n'auront pas servi le terme de leur engagement, ne puissent être congédiés, quand bien même ils seroient les plus anciens de tout le régiment ; voulant à cet effet qu'il ne soit donné de congé qu'à ceux qui auront rempli le terme de leur engagement, & qu'ils ne puissent l'obtenir que lorsque leur temps sera achevé : Entend aussi Sa Majesté, que tous ceux qui depuis les Ordonnances des 10 & 21 décembre 1762, auront contracté des engagemens de huit ans, soient congédiés précisément le jour que finira ledit engagement, à moins qu'ils ne se soient rengagés, ou dans le cas expliqué par l'article 14 de la présente Ordonnance ; le Commandant du régiment en expédiant les congés absolus auxdits hommes qui devront être congédiés, sera tenu d'en informer le Secrétaire d'État ayant le département de la guerre.

34.

LES congés absolus qui seront expédiés aux Soldats, Cavaliers ou Dragons, qui par leurs infirmités ne pourront continuer de servir, & à ceux qui auront été reconnus nécessaires à leur famille, ne leur seront expédiés

Époque de la délivrance des congés absolus.

que lors de la revue que les Inspecteurs généraux de
ses Troupes feront dans le mois de septembre; défendant
Sa Majesté d'en expédier aucun dans le courant de
l'année, à la réserve de ceux dont les engagemens seront
finis & qui ne se feront point rengagés, comme il est
expliqué ci-dessus, ou dans des cas d'une nécessité indis-
pensable & dont Elle jugera Elle-même, sur le rapport
qui lui en sera fait par le Secrétaire d'État ayant le
département de la guerre.

35.

LES congés absolus, ainsi que les congés limités &
les congés de réforme, seront expédiés conformément
aux modèles qui seront joints à la présente Ordonnance,
approuvés par l'Inspecteur du régiment, & visés par le
Commissaire chargé de la police dudit régiment, qui
assistera aux revues d'inspection.

36.

LES Soldats qui ne seront pas porteurs des congés
dans cette forme, & qui se trouveront avoir des congés
frauduleux, seront arrêtés par la Maréchaussée & tenus de
rejoindre leur régiment; voulant Sa Majesté, que les
Officiers qui auroient expédié ces congés, soient privés
de leur emploi, & que les congés soient envoyés au
Secrétaire d'État ayant le département de la guerre.

37.

TOUT Soldat, Cavalier ou Dragon, qui obtiendra
un congé absolu à l'expiration du temps de son service,
recevra le décompte de tout ce qui lui sera dû jusqu'au
jour de son départ, & il emportera le chapeau, l'habit,
la veste & la culotte qu'il aura dans le temps de l'expiration de son congé, ainsi que son havresac; le
Commissaire des guerres dressera un procès-verbal de
tous les Soldats qui obtiendront des congés absolus, marquera le jour qu'ils devront cesser de recevoir la solde,
& enverra ledit procès-verbal au Secrétaire d'État ayant
le département de la guerre.

38.

TOUT Soldat, Cavalier ou Dragon, qui après avoir ervi pendant huit années, se retirera dans le royaume avec n congé en bonne forme, se fera enregistrer *gratis*, au reffe de la subdélégation de son domicile & ne pourra tre obligé de tirer au sort de la Milice qu'après que ous les hommes de la paroisse, sujets à tirer, auront empli leur service dans ladite Milice.

Prérogatives accordées aux Soldats qui auront servi huit ans.

39.

CELUI qui après avoir fait & rempli un second ngagement de huit ans dans le même régiment, obtien-ra son congé pour se retirer dans le royaume, sera our toujours dispensé de tirer au sort de la Milice, & lui sera payé chaque année la moitié de la solde dont jouissoit en servant; il lui sera de plus délivré tous les uit ans, un habit de l'uniforme du régiment dans lequel aura servi.

À ceux qui auront servi seize ans.

40.

CELUI qui après avoir rempli trois engagemens dans même régiment, voudra se retirer du service, aura ption d'être reçu à l'Hôtel des Invalides, ou de se tirer dans le royaume avec la solde entière, & il lui ra délivré tous les six ans, un habit de l'uniforme du giment dans lequel il aura servi.

À ceux qui en auront servi vingt-quatre.

41.

L'INTENTION de Sa Majesté est que les bas Officiers, oldats, Cavaliers, Dragons, Tambours ou Trompettes ui seront admis à la solde entière ou à la demi-solde, aient la solde ou la demi-solde de leur grade, qu'autant 'ils auront servi dans ce grade pendant huit années; ce défaut ils ne pourront recevoir la solde que du rade inférieur au leur.

Conditions pour jouir de la solde ou de la demi-solde.

42.

TOUS les Soldats qui seront estropiés au service, ontinueront d'être reçus à l'Hôtel des Invalides comme

Soldats estropiés au service, reçus aux Invalides.

par le paſſé, & conformément aux Ordonnances dudi
Hôtel.

43.

LES Soldats qui auront continué à ſervir vingt-quatre
ans dans le même régiment, feront admis à l'Hôtel de
Invalides, comme il eſt expliqué ci-deſſus, mais ceux qu
auroient paſſé d'un régiment dans un autre, s'il n'y a
point une interruption de ſix mois entre leurs différen
engagemens, devront avoir trente ans de ſervice pou
être admis audit Hôtel.

44.

SA MAJESTÉ voulant que la préſente Ordonnance
ſoit ponctuellement exécutée, a dérogé & déroge a
toutes les diſpoſitions précédentes qui pourroient y être
contraires.

MANDE & ordonne Sa Majeſté aux Officier
généraux ayant commandement ſur ſes Troupes, au
Gouverneurs & Lieutenans généraux en ſes provinces
aux Gouverneurs & Commandans de ſes villes &
places, aux Inſpecteurs de ſes Troupes, aux Intendan
dans ſes provinces & ſur ſes frontières, aux Com
miſſaires des guerres, & à tous autres ſes Officiers qu'i
appartiendra, de tenir la main à l'exécution de la pré
ſente Ordonnance. FAIT à Verſailles le premier janvie
mil ſept cent ſoixante-huit. *Signé* LOUIS. *Et plus bas*
LE DUC DE CHOISEUL.

MODÈLES des Engagemens, Certificats d'Engagement, & des différentes fortes de Congés.

ENGAGEMENT.

JE m'engage avec M. { Capitaine, Lieutenant ou autre } au Régiment { d'Infanterie, Cavalerie ou Dragons } de pour fervir pendant huit années dans ledit Régiment, & reconnois avoir reçu la fomme de à compte fur mon engagement, & celle de pour boire. FAIT à le

LEDIT a déclaré être de fon métier, né à le fils de & de de la taille de cheveux & fourcils les yeux le nez la bouche vifage marqué de barbe

CERTIFICAT D'ENGAGEMENT.

JE fouffigné { Capitaine, Lieutenant ou autre } au Régiment { d'Infanterie, Cavalerie ou Dragons } de certifie avoir reçu aujourd'hui du mois d de l'année l'engagement du nommé pour fervir pendant huit années dans ledit Régiment, lequel a reçu à compte fur fon engagement, & la fomme de pour boire, ainfi qu'il eft porté fur fon engagement.

LEDIT a déclaré être né à le fils de eft de la taille de cheveux & fourcils les yeux le nez la bouche vifage marqué de barbe

INFANTERIE,
CAVALERIE
ou
DRAGONS.

RÉGIMENT de

Approuvé par nous Lieutenant général
ès armées du Roi.

CONGÉ DE RÉFORME.

NOUS soussignés, certifions à tous ceux qu'il appartiendra, avoir donné congé de réforme au nommé   dit

de la compagnie d   au régiment d

natif d   en la province d

juridiction d   âgé de   ans, de la

taille de   lequel a été jugé incapable

de servir dans les Troupes de Sa Majesté, étant

FAIT à   le   jour du mois d

mil sept cent soixante-

Vu par nous Commandant
dudit régiment.

Vu par nous Commissaire
des guerres.

Certifié par nous Major
dudit régiment.

INFANTERIE,
CAVALERIE
ou
DRAGONS.

RÉGIMENT de

Approuvé par nous Maréchal des camps
ès armées du Roi.

CONGÉ LIMITÉ.

NOUS soussignés, certifions à tous ceux qu'il appartiendra, avoir donné congé pour aller à   jusqu'au   prochain, au nommé   dit   de la compagnie

d   au régiment d   natif d

en la province d   juridiction d

âgé de   ans, de la taille de

FAIT à   le   jour du mois d

mil sept cent soixante-

Vu par nous Commandant
dudit régiment.

Vu par nous Commissaire
des guerres.

Certifié par nous Major
dudit régiment.

INFANTERIE,
CAVALERIE
ou
DRAGONS.

RÉGIMENT de

Approuvé par nous Lieutenant général es armées du Roi.

CONGÉ MILITAIRE.

Nous soussignés, certifions à tous ceux qu'il appartiendra, avoir donné congé absolu au nommé

dit   *de la compagnie d*   *au*

régiment d   *natif d*   *en la*

province d   *juridiction d*   *âgé*

de   *ans, de la taille de*

FAIT à   *le*   *jour du mois d*

mil sept cent soixante-

Vu par nous Commandant dudit régiment.

Vu par nous Commissaire des guerres.

Certifié par nous Major dudit régiment.

A PARIS, DE L'IMPRIMERIE ROYALE. 1768.